BEI GRIN MACHT SICH IHR WISSEN BEZAHLT

- Wir veröffentlichen Ihre Hausarbeit, Bachelor- und Masterarbeit

- Ihr eigenes eBook und Buch - weltweit in allen wichtigen Shops

- Verdienen Sie an jedem Verkauf

Jetzt bei www.GRIN.com hochladen
und kostenlos publizieren

Christian Schwießelmann

Die Landkreisgebietsreform in Mecklenburg-Vorpommern

GRIN Verlag

Bibliografische Information der Deutschen Nationalbibliothek:

Die Deutsche Bibliothek verzeichnet diese Publikation in der Deutschen National-
bibliografie; detaillierte bibliografische Daten sind im Internet über http://dnb.d-
nb.de/ abrufbar.

Impressum:

Copyright © 2009 GRIN Verlag GmbH
Druck und Bindung: Books on Demand GmbH, Norderstedt Germany
ISBN: 978-3-656-71678-5

Dieses Buch bei GRIN:

http://www.grin.com/de/e-book/278474/die-landkreisgebietsreform-in-mecklenburg-
vorpommern

GRIN - Your knowledge has value

Der GRIN Verlag publiziert seit 1998 wissenschaftliche Arbeiten von Studenten, Hochschullehrern und anderen Akademikern als eBook und gedrucktes Buch. Die Verlagswebsite www.grin.com ist die ideale Plattform zur Veröffentlichung von Hausarbeiten, Abschlussarbeiten, wissenschaftlichen Aufsätzen, Dissertationen und Fachbüchern.

Besuchen Sie uns im Internet:

http://www.grin.com/

http://www.facebook.com/grincom

http://www.twitter.com/grin_com

Prüfungsvorbereitung für mündliche Magisterprüfung
an der DHV Speyer am 11.1.2010

„Welche Lehren lassen sich aus der Gebietsreform in Mecklenburg-Vorpommern für die angestrebte Verwaltungs- und Gebietsreform Rheinland-Pfalz ziehen?" (Prof. Hill)

1. Das gescheiterte Verwaltungsmodernisierungsgesetz in MV und der Neuanlauf

-nach 1990: Verwaltung im „Übergang": von der sozialistischen „Kaderverwaltung" (Klaus König) zur rechtsstaatlichen, gewaltenteiligen, dezentralen Verwaltung nach bundesrepublikanischem Vorbild: Implementation westdeutscher Organisations- und Personalstrukturen durch Verwaltungshilfe aus den alten Bundesländern
* Patenschaften (SH, Bremen, NS für MV)
* Personalübergang von den alten in die neuen Bundesländer (Justiz)
* Institutionentransport (Imitationsverpflichtung, z. B. Ämterverfassung aus SH)
-Vorläufiges Landesstatut MV -> Organisationsermächtigungen zur Errichtungen von Landesbehörden
-Verfassung durch Verfassungsausschuss des LT (von Mutius u. a.)
-Landkreisneuordnungsgesetz 1993 (in Kraft 1994) reduzierte die Zahl der Kreise von 31 auf 12, wobei sechs kreisfreie Städte bestehen blieben -> damit wurden die Verwaltungsreform der DDR von 1952 rückgängig gemacht, als die Anzahl der Kreise mit der Begründung des Aufbaus des Sozialismus von 20 auf 31 erhöht wurde (vier kreisfreie Städte = Schwerin, Rostock, Greifswald, Stralsund)
-Prinzipien:
* Regeleinwohnerzahl von mindestens 100 T
* Kreissitze in Mittelzentren des ländlichen Raumes
* Kreisfreiheit grundsätzlich nur für Oberzentren ab 100 T Einwohnern
* Kontroll- und Koordinationsspanne in einem Landkreis nicht wesentlich über 20 Verwaltungseinheiten
* Ausnahmen: kreisfreie Städte unter 100 T
-2003 beschloss rot-rote Regierung unter Harald Ringstorff die Eckpunkte zur Reform der öffentlichen Verwaltung in Mecklenburg-Vorpommern
-Ziele der beabsichtigten Verwaltungsreform:
* mehr Bürgernähe
* weniger Bürokratie (Prinzip der Einheit und Einräumigkeit)
* mehr Leistungsfähigkeit des Personals und der Organisation
* kostengünstige Aufgabenerledigung
* Stärkung der kommunalen Selbstverwaltung
-2005 Gesetzesentwurf, Anhörung der Gemeinden, Kreise, Verbände etc.
-Argumente der LReg: Selbstständigkeit des Landes gefährdet durch Auslaufen des Solidarpaktes II und demographische Entwicklung -> Einsparungen von 180 Mio. Euro jährlich möglich
-2006 Verabschiedung des Verwaltungsmodernisierungsgesetzes gegen Teile der Linkspartei und die CDU-Opposition
-Mantelgesetz bestehend aus drei Teilen:
    I.   Funktionalreform = Übertragung von Aufgaben vom Land auf die Kommunen
    II. Funktionalreform = interkommunal = Stärkung der K durch Aufl. unt. Landesbeh.
    III. Kreisstrukturreform
    IV. Personalübergang

-Kreisstrukturreform sah 4 Regionalkreise zwischen 3.000 bis 7.000 Quadratkilometern und 250 bis 500 T EW -> später auf Drängen der PDS Fünf Regionalkreise (zwei in Vorpommern)
-Orientierung an den Gegebenheiten der Raumordnung/Stützung durch Seitz-Gutachten
-geplantes Inkrafttreten der Reform mit den Kommunalwahlen 2009
-Verfassungsbeschwerde von 11 LK und Antrag auf abstrakte Normenkontrolle durch die CDU-Fraktion
-Urteil des LVerfG vom 26.7.2007:
- §§ 72 bis 75 des Funktional- und Kreisreformgesetzes sind verfassungswidrig
- LVerfG weist Auffassung der LReg zurück, dass Kreise „Zweckschöpfungen des Gesetzgebers mit schwächelnder Selbstverwaltungsgarantie" seien
- Missachtung der Selbstverwaltungsgarantie der Landkreise
- „Abwägungsdefizit" im Hinblick auf die bürgerlich-demokratische Dimension der kommunalen Selbstverwaltung -> keine Prüfung von Alternativen im Sinne einer schonenderen Reform (VHM)
- Zweifel an Verträglichkeit der Kreisgröße mit dem Ehrenamt (Zeitaufwand, Anreise, Professionalisierung notwendig?)
- keine Formulierung von Leitbildern, sondern Diktatur des Zuschnitts von oben
- staatliche Belange standen zu sehr im Vordergrund
- keine Berücksichtigung der Minderheitsvoten
- Problem der Überschaubarkeit der Regionalkreise
-Kritik von Hans-Peter Bull und Helmut Seitz – Gutachter für die rot-rote Landesregierung MV – am Urteil des Verfassungsgerichts: kein empirisch messbarer wesentlicher Zusammenhang zwischen Größe des Landkreises, Bereitschaft zur Aufnahme eines kommunalen Ehrenamtes und Wahlbeteiligung -> ökonomische Effizienzaspekte sind höher zu gewichten
-2006: LTW: rot-schwarze Regierung entwickelt nach den Vorgaben des LVerfG Leitbild: 13 verschiedene Kreismodelle
-Gutachter Jens Joachim Hesse: Kreise mit bis 4000 qkm möglich ohne Einschränkung von bürgerschaftlich-demokratischen Engagement
-6+2-Modell favorisiert unter den Aspekten
- Sicherung der Wirtschaftlichkeit
- Sicherung des Ehrenamtes
- Sicherstellung größtmöglicher Akzeptanz unter den Kommunen
-durchschnittliche Größe der neuen Kreise bei 3800 qkm und 200 T EW (bisher größter LK Deutschlands Uckermark 3058 qkm)
-neues Institut der großen kreisangehörigen Städte (quasi-Gleichstellung bei den Schlüsselzuweisungen, Denkmalschutz, Rechtsaufsicht)
-Sitz und Namen des Landkreises durch Bürgerentscheid
-Anschub- und Kompensationsleistungen in Höhe von 62 Mio. Euro
-2009 Gesetzentwurf zur Schaffung zukunftsfähiger Strukturen der Landkreise und kreisfreien Städte des Landes Mecklenburg-Vorpommern (Kreisstrukturgesetz) -> Anhörung: Kritik vor allem von eingekreisten Städten HGW, HWI, HST, NB (mit Ausnahme von Wismar CDU-OB)
-2011 Wahl der neuen Kreistage und LR
-zudem Gesetzentwürfe zur Funktionalreform und FAG vorgelegt
-Argumente des IM für Notwendigkeit der Verwaltungsreform in MV:
1. rückläufige EW-Zahlen und damit Steuereinnahmen
2. die Einstellung der Transferleistungen in Form von Solidarpakt-Mitteln ab dem Jahr 2020
3. Wirtschafts- und Finanzkrise -> geringere Zuweisungen aus dem LFA
4. Verschuldungsverbot für Länderhaushalte

2. Ansätze zur Verwaltungs- und Gebietsreform in Rheinland-Pfalz

-1965-73 umfassende Verwaltungs- und Gebietsreform Ende der 1960er Jahre unter MP Peter Altmeier und Helmut Kohl
-Einführung der Verbandsgemeinden und neuer Kreise aufgrund der Kriterien:
* Ortsnähe
* Zahl der Gemeinden in einem LK zwischen 25 und 150
* Finanzielle Leistungskraft
* Einwohnerzahl eines LK zwischen 50 und 150 T
* Gebietsumfang nach geographischer Beschaffenheit
* Wirtschaftsstruktur

-Mindestgröße für Verbandsgemeinden bei 7.500 EW -> heute: durchschnittlich 14 T EW
-in 30 Jahren Veränderungen: größte kreisangehörige Stadt Neuwied mit 67 T EW doppelt so groß wie kleinste kreisfreie Stadt Zweibrücken mit 35 T EW
-größte Verbandsgemeinde Montabaur mit 40 T EW
-Verbandsgemeinde hat sich durchgesetzt -> kaum Einheitsgemeinden
-Abschaffung der Regierungspräsidien durch Umwandlung in Landesbehörden oder Mittelbehörden mit regionalem Zuschnitt
-in den 1980er Jahren haushaltsrechtliche Ausgliederungen -> Eigenbetriebsform
Forderungen des Gemeinde- und Städtebundes Rheinland-Pfalz 2005:
* Ablauf: Aufgabenkritik – Funktionalreform – Strukturreform
* Erhalt der Verbandsgemeinde mit Ortsgemeinden
* Einkreisung von Städten unter 100 T EW
* Landsmannschaftliche Gliederung
* Innere Verwaltungsorganisation

-MP Beck kündigte 2006 in Regierungserklärung Kommunal- und Verwaltungsreform
-Grundsätze der Überschaubarkeit, Bürgernähe, Respekt vor gewachsenen Strukturen
-Einrichtung einer AG: Aufgabenübertragung
-Notwendigkeit = demographischer und technischer Wandel, Optimierung und Anpassung nach 30 Jahren bei Zuständigkeiten, Verfahrenabläufen und Gebietsstrukturen
-Modell der Verbandsgemeinden mit rechtlich eigenständigen OG gilt weiterhin als bewährt
-Zeitplan: bis 2011 LTW gesetzliche Grundlagen, bis 2014 KW neue „kommunale Landkarte"
-neuartig: starke Bürgerbeteiligung (Ansatz der Responsivität) = Bürger als Ratgeber und Experten -> Argument von Max Weber: man müsse kein Schuster sein, um zu wissen, wo der Schuh drückt
-2007: 9 Regionalkonferenzen mit 2.500 Bürgern
-2008: 5 regionale Bürgerkongresse und 6 mehrtätige Planungszellen (ca. 150 -250 EW nach Zufallsprinzip ausgewählt)
-2009: Repräsentative Bürgerbefragung zur Verwaltungsreform (Stichprobe = 10 T EW telefonisch): über 60 Prozent (eher) dafür
-Kritik an zu viel Bürokratie (79 Prozent), Verständlichkeit der Formulare (63 Prozent), zu hohe Verwaltungskosten (58 Prozent)
-bei Gebietsreformen Mehrheit für kurze Wege, Bürgernähe, Prinzip der Freiwilligkeit und der Wirtschaftlichkeit
-Probleme der Bürgerbeteiligung: Suggestion durch Moderatoren, Fragestellungen, Methoden der empirischen Sozialforschung; Ausspielung repräsentativer Demokratie durch direktdemokratische Verfahren
-2009: Gründzüge der Kommunal- und Verwaltungsreform durch IM: Optimierung der Gemeindestrukturen durch Fusion bei neun verbandsfreien Gemeinden und 23 Verbandsgemeinden -> Freiwilligkeitsphase mit degressiv abschmelzenden Hochzeitsprämien

3. Lehren

-Unterschiede zwischen MV und RP: in MV aufgrund demographischer und finanzieller Situation mehr Handlungsdruck
-ganzheitlicher Verwaltungsreform statt punktueller Optimierung
-Parallelen bei der Notwendigkeit der Einkreisung kreisfreier Städte unter 100 T EW
-in MV: „Zuckerbrot- und Peitsche-Strategie", in RP: „Konsensusverfahren mit pseudodirektdemokratischer Legitimation": Anhörung der Bürger statt betroffener Gebietskörperschaften?
-in MV war bei der Gemeindefusion die „Hochzeitsprämie" erfolgreich
-in RP stärkere Betonung spontaner Ordnungen und Traditionen natürlicher Gemeindegrenzen
-Lehren:
- -echte Abwägungsentscheidungen nach dem VHM-Grundsatz: Gibt es ein schonenderes Mittel?
- Problematik des Kreiszuschnitts ist zu erörtern -> Economies of scope/scale = Größen- und Verbundsvorteile vs. optimale Betriebsgröße -> neben ökonomischen Aspekten auch Fragen der Bürgernähe, Überschaubarkeit, Verwaltungstradition
- Professionalisierung vs. Ehrenamtlichkeit abzuwägen -> sekundäre Professionalisierung (Hesse) durch hauptamtliche Verwaltungspersonal in KT
- Einkreisung durch ökonomische Anreize z. B. im KFA steuern, Stadt-Umland-Problematik beachten!

4

1.Das gescheiterte Verwaltungsmodernisierungsgesetz in MV und der Neuanlauf

1990 Wiedereinrichtung der Länder: Verwaltung im „Übergang": soz. Kaderverwaltung

(König) -> Aufbau rechtst. Personal- und Organisationsstr. d.: Patenschaften (SH, Bremen,

NS für MV) + Personalübergang (Justiz) + Institutionentransport (Imitationsverpflichtung, z.

B. Ämterverfassung aus SH)

1993/94 LVerf und Landkreisneuordnungsgesetz: 12 statt 31 LK – Regel-EW-Zahl = 100 T

2003 rot-rote Koalition: Eckpunkte zur Reform der öffentliche Verwaltung MV – Gründe:

Gefährdung der Selbstständigkeit MV – demographische Entw. – Solidarpakt II 2019: 180

Mio. € Einsp. (Seitz) = Funktionalref. I + II + Kreisgebietsref. + Personalübergang

2006 Verabschiedung des VmodernG MV 37 zu 34 -> Klage 11 LK und CDU-Frakt.

2007 VerfG am 26.7.: Abwägungsdefizit: § 72-75 KreisreformG verfwrdg.: „bürgerl.-dem.

Dimension der komm. Selbstverwaltung" missachtet: probl.: Ehrenamt vs. Kreisgröße,

Minderheitsvoten, prozessuale Kritik, Überschaubarkeit

2008 schwarz-rot: neuer Gesetzesentwurf 6 + 2 Modell – Leitlinien – Prüfung 13 Modelle

2.Ansätze zur Verwaltungs- und Gebietsreform in Rheinland-Pfalz

ab 1965 Verwaltungs- und Gebietsref. = Verbandsgem. = mind. 7.500 EW, heute: 14 T EW,

neue Kreise = 50 und 150 T EW, Krit.: Ortsnähe, Geograph., fin. Leistungskr., Wirtschaftsstr.

ab 1990 Abschaffung der Regierpräs. d. Umwandlung in Landes- und Mittelbehörden

2006 Reg.-Erkl.: KVR: Grundsätze: Überschau. + Ortsnähe + „Respekt vor gewachs. Strukt."

ab 2007 intens. Bürgerbeteiligung (-> Max Weber: Schuster): 9 Reg.-Konf., 5 Bürgerkongr., 6

Planungszellen = Kritik an zu viel Bürokratie, Verständlichkeit der Form., hohe Verw.-Kost. -

> Probl.: Suggestion, Ausspielung repr. Demokratie durch direktdem. Verf.

2009 Gesetzesentwurf -> Gemeindefusionen – Freiwilligkeitsph.: degress. Hochzeitsprämie

3.Lehren aus MV für RP

MV	RP
gr. finanz./demogr. Verluste (240 T EW)	geringere (14 Prozent EW-Rückgang)
ganzheitlicher Reformansatz	punktuelle Optimierung (Gemeindereform)
Anhörung Gebietskörperschaften	Anhörung Bürger tw. per Zufallsprinzip
„Zuckerbrot- und Peitsche"	Konsensusverfahr. mit direktdemokr. Leg.
Problem der Einkreisung	Dito

Lehren: echte Abwägungsentsch. n. VHM-Grundsatz: schonenderes Mittel? – Kreiszuschnitt:

economies of scale/scope vs. optimale Betriebsgröße – Professionalisierung (Hesse:

sekundäre Prof.) vs. Ehrenamtlichkeit – Einkreisung d. ökonomische Anreize im KFA,

Lösung der Stadt-Umland-Problematik (Nutzen-Spillover)

4. Literatur

allgemein

Christian Jock (Hg.): Aktivitäten auf dem Gebiet der Staats- und Verwaltungsmodernisierung in den Ländern und beim Bund 2006/2007, Speyerer Forschungsberichte 256, Speyer 2008

MV

Christiane Büchner/Jochen Franzke/Michael Nierhaus (Hg.): Verfassungsrechtliche Anforderungen an Kreisgebietsreformen. Zum Urteil des Landesverfassungsgerichts Mecklenburg-Vorpommern, KWI-Gutachten 2, Potsdam 2008

Joachim Jens Hesse/Alexander Götz: Voraussetzung der Selbstverwaltung. Zum Verhältnis von Ehrenamt und Gebietsgröße, Baden-Baden 2009

Monika John: Verwaltungsorganisation im Reformprozeß. Der Entwurf eines Landesorganisationsgesetzes für Mecklenburg-Vorpommern, Speyerer Forschungsberichte 179, Speyer 1998

Urteil des Landesverfassungsgerichts Mecklenburg-Vorpommern vom 26. Juli 2006 (LVerfG 9-17/06), unter: http://www.landesverfassungsgericht-mv.de (letzter Abruf am 06.01.2010)

Entwurf eines Gesetzes zur Schaffung zukunftsfähiger Strukturen der Landkreise und kreisfreien Städte des Landes Mecklenburg-Vorpommern (Kreisstrukturgesetz) vom 8. Juli 2009, unter: http://www.mv-regierung.de (letzter Abruf am 07.01.2010)

RP

Manfred Bitter: Strukturveränderungen auf der mittleren staatlichen Verwaltungsebene der Länder. Der rheinland-pfälzische Weg der Verwaltungsmodernisierung, Diss. Speyer, Frankfurt/Main (u. a.) 2004

Gemeinde- und Städtebund Rheinland-Pfalz (Hg.): Verwaltungsreform in Rheinland-Pfalz. Vorschläge des Gemeinde- und Städtebundes Rheinland-Pfalz auf der Grundlage entsprechender Beschlüsse des Vorstandes, des Landesausschusses, der Ausschüsse und Arbeitskreise, Beilage zu Gemeinde und Stadt 7/2005

Ulrich Sarcinelli/Mathias König/Wolfgang König: Bürgerbeteiligung im Rahmen der Kommunal- und Verwaltungsreform in Rheinland-Pfalz. Gutachten zur ersten und zweiten Stufe der Bürgerbeteiligung, Oktober 2007 – September 2009, hgg. von der Staatskanzlei Rheinland-Pfalz, Mainz 2009, unter: http://www.buergerkongresse.de (letzter Abruf am 08.01.2010)

Gesetzesentwurf über das Erste Landesgesetz zur Kommunal- und Verwaltungsreform in Rheinland-Pfalz vom 15.9.2009, unter: http://www.ism.rlp.de (letzter Abruf am 08.01.2010)